स्वर्णिमा

शब्दों की एक सुनहरी यात्रा

आलोक यादव

BookLeaf Publishing
India | USA | UK

Made with ❤ on the BookLeaf Publishing Platform
www.bookleafpub.in
www.bookleafpub.com

Dedication

मेरे दादाजी, स्वर्गीय *श्री तेजराम यादव जी* के चरणों में–

"यद्यपि मुझे आपके लेखन को गहराई से पढ़ने का सौभाग्य प्राप्त नहीं हुआ, पर माता-पिता से आपकी लेखनी की चमक और आपके विचारों की गहराई के बारे में सुनकर मैं बड़ा हुआ हूँ। यह पुस्तक आपकी विरासत के प्रति मेरी एक विनम्र श्रद्धांजलि है–एक लेखक के रूप में आपके सम्मान में और उस प्रेरणा के नाम, जो आप आज भी मेरे लिए हैं। मेरी प्रार्थना है कि आपकी सृजनात्मकता और प्रज्ञा की झलक मेरे द्वारा लिखे हर पृष्ठ में जीवित रहे।"

Preface

किसी भी रचना का जन्म केवल शब्दों से नहीं, बल्कि उन अनुभवों से होता है जो हम अपनी आँखों से देखते हैं और अपने हृदय से महसूस करते हैं। **'स्वर्णिमा'** मात्र कविताओं का संग्रह नहीं, बल्कि मेरे अंतर्मन की वह यात्रा है जो कभी गाँव की पगडंडियों पर टहलती है, तो कभी आधुनिक शहर की ऊँची इमारतों के पीछे छिपते सच को तलाशती है।

इस पुस्तक के पहले हिस्से में आपको उस **गाँव की गूँज** सुनाई देगी, जहाँ सादगी ही सबसे बड़ा आभूषण थी। वह सौंधी मिट्टी, अपनों का साथ और प्रकृति की गोद—जो अब केवल स्मृतियों का हिस्सा बनती जा रही है। लेकिन आज जब हम विकास की अंधी दौड़ में शामिल हैं, तो पीछे मुड़कर देखने पर एक खालीपन महसूस होता है। **विकास के नाम पर** हम अपनी जड़ों को काट रहे हैं और कंक्रीट के जंगलों को तरक्की समझ रहे हैं।

इन कविताओं के माध्यम से मैंने उस **मानवीय लालच** को भी उकेरने का प्रयास किया है, जिसने इंसान को अपनी ही जड़ों से जुदा कर दिया है। आज का मनुष्य भौतिकता की चमक में इतना खो गया है कि उसे अपने भीतर का अंधेरा दिखाई नहीं देता। हम सब एक **रहस्यमयी जीवन** जी रहे हैं—चेहरे पर नकाब है और भीतर एक अनकहा संघर्ष।

पुस्तक का एक हिस्सा समाज की उन कड़वी सच्चाइयों और भावनाओं पर भी प्रहार करता है, जहाँ हम अक्सर अपनों के दर्द को अनदेखा कर देते हैं। उम्मीद है कि जब आप इन पृष्ठों को पलटेंगे, तो कहीं न कहीं अपनी ही किसी खोई हुई जड़ को पहचान पाएंगे और विकास की इस भीड़ में खुद को दोबारा ढूँढ पाएंगे।

Acknowledgements

मैं **'BookLeaf publications'** के प्रति अपना हार्दिक आभार व्यक्त करता हूँ, जिन्होंने मुझे अपने विचारों को शब्दों में पिरोने और कविताओं के इस संग्रह को जीवंत करने के लिए एक मंच प्रदान किया। उनके सहयोग के कारण ही यह संभव हो पाया कि मैं अपनी यादों और चिंतन को काव्य के माध्यम से आप सभी के साथ साझा कर पा रहा हूँ।

मैं अपने **परिवार** का भी समान रूप से ऋणी हूँ, जिनका निरंतर प्रोत्साहन और साथ इस पूरी यात्रा में मेरी शक्ति बना रहा। मुझ पर उनके अटूट विश्वास ने ही इस पुस्तक के हर पृष्ठ को लिखने की प्रेरणा दी।

यह कृति जितनी मेरी है, उतनी ही उनकी भी है।

यादों का झरोखा: मेरा गाँव

ऐ गाँव तू बहुत याद आता है,
तुझे सोच कर ये दिल बचपन में चला जाता है।

वो कच्चे रास्ते, वो घने छायादार पेड़,
वो कुएं का पानी और वो खेतों की मेड़,
अलग अलग मौसम, तरह तरह के त्योहार,
वो चौपाल में घंटो होती बातें, और वो सब में अपनों सा प्यार,
सर्दियों की सुबह हो या गर्मियों की शाम,
मिल कर आग तापना या खाना पके हुए वो आम।

ऐ गाँव तू बहुत याद आता है,
तुझे सोच कर ये दिल बचपन में चला जाता है।

सुख हो या दुःख, सबको साथ खड़े पाया है,
न कोई छल कपट और न ही कोई मोह माया है,
वो लहलहाती फसलें, उन फसलों को सींचता वो किसान,
वो हर घर में खड़े नीम के पेड़ और वो अपना कच्चा मकान,
वो धीमी आँच में पका लाल लाल दूध क्या सुंधाता है,
वो इंजन के पानी में नहा के मजा सा आ जाता है।

ऐ गाँव तू सच में बहुत याद आता है,
तुझे सोच कर ये दिल बचपन में चला जाता है।

वो छत पर सबके साथ जमीन पर सोना,

वो चांद, वो तारे, उन्हें देख कर खोना,
वो सबसे अलग अलग कहानियां सुनना,
वो खुली हवा में सपनों का बुनना,
वो पक्षियों की चहचहाहट से होती सुबह की शुरुआत,
वो गायों का रंभाना और बुजुर्गों की होती बात।

ये सब कुछ बहुत याद आता है,
और मेरा मन फिर गाँव में चला जाता है।
ये शहरों की भाग दौड़ भरी जिंदगी, ये बिछड़ते हुए रिश्ते,
सब कुछ देख कर सच में ये दिल घबरा जाता है,
ऐ गाँव तू बहुत याद आता है।

मानवता का त्रास

खुद का महल बनाने को, तब बरगद दिया गिराय,
पंछिन के प्रति प्रेम अब, उमड़ उमड़ के आय।

व्यर्थ व्यर्थ की चीज़ पर, वह वक्त लुटाता जाय,
जो सच में उसे सुकून दे, स्वयं मिटाता जाय।

औरों के दुःख देखकर, जब तब उपहास बनाय,
जरा भी दुःख खुद को हुआ, आँसुन के श्रोत बहाय।

क्षणिक मोह के लोभ में, खुशी से जी ना पाय,
झूठ की मायानगरी में, सच कहने से घबराय।

पैसा पैसा करता वो, मान, धरम तज आय,
क्षमा, दया को छोड़ के, खुद बलवान कहाय।

रख मानवता ताक पर, बुरे करम कर जाय,
दो रूपये का दान कर, फिर स्वयं ब्रह्म कहलाय।

पढ़ लिखकर वो ज्ञान नहीं, छल कपट सीखता जाय,
फिर पद के वो मोह में, ले दुर्बल की हाय।

पापन से लथपथ होकर, अहंकार में डूबा जाय,
कर्मन की जब सजा मिले, तब शिव शिव चिल्लाय।

खुद शरीर का नाश कर, प्रतिदिन उपचार कराय,
अंधकार भीतर पड़ा, प्रभु खोजन बाहर जाय।

भूल चला वो प्रेम अब, बस ईर्ष्या दिखलाय,
स्वयं पतन की राह में, अब वो चलता जाय।

चक्रव्यूह

एक खेत था, फसल थी, बड़ा आंगन था गाँव में,
खुला आसमान, दो रोटी सुकून की, और जी रहे थे पेड़ों की छाँव में।

फिर किसी दिन किसी ने कहा, चल थोड़ा और कमाते हैं,
कुछ बड़ा करने एक शहर जाते हैं।

कमाई का दौर शुरू हुआ तो बड़ा अच्छा लगा,
इतने मीठे बोल, हर कोई तो मुझे सच्चा लगा।

एक वक्त तक चलता रहा कमाना, उड़ाना, बचाना,
फिर एक दिन यूहीं ख्याल आया, क्या सही था मेरा शहर आना।

न ही खुला आंगन है, न ही वो सुकून,
बस दो गज का कमरा है, जहाँ जलता हर पल मेरा खून।

दिन भर की भाग दौड़, न खाने का कोई ठिकाना है,
न वक्त किसी से बात करने का, बस थक के सो जाना है।

लोगों की सच्चाई भी मुझे तब नज़र आई,
सामने शहद से मीठे और पीछे बुराई पे बुराई।

पूछता हूँ खुद से कि क्यों इतना पैसा है कमाना,
खुद की खातिर है ये सब, या औरों को है दिखाना।

वो चेहरे की चमक, वो आँखों में तेज, वो मुस्कान ये सब कहीं तो खो गए हैं,
इतनी भीड़ में भी होकर हम अकेले से हो गए हैं।

शायद इसी को कहते हैं, चकाचौंध के चक्रव्यूह में फंसना,
ऐसी दलदल है ये, जहाँ सबको भाता है इसमें धंसना।

वृक्ष की व्यथा

दो पत्तियां, छोटी टहनी, छोटा सा मेरा साया था,
बड़ी दूर से लाकर मुझको, खेत के बीच लगाया था।

धीरे धीरे बड़ा हुआ मैं, नौजवान सा खड़ा हुआ मैं,
चारों तरफ बड़ी सी शाखा, और पत्तों से मढ़ा हुआ मैं।

कहा पास के खड़े पेड़ ने, तन कर यूं जो खड़े हुए हो,
झुकना सीख गए तुम जिस दिन, तब समझूंगा बड़े हुए हो।

ये सुनकर हैरान हुआ मैं, सोच सोच परेशान हुआ मैं,
बड़ी बड़ी शाखाएं मेरी, क्या अब भी नहीं जवान हुआ मैं।

गौर किया उस दिन से फिर जब, समझ मेरे आया था फिर तब,
देख मुझे भले मुस्काते, छाँव में बैठे उसकी थे सब।

झुकी हुई डाली में उसकी, बच्चे सब चढ़ जाते थे,
झूला झूल हंसे सब के सब, खूब मजे उड़ाते थे।

माता पिता लगे खेतों में, थक हार जब जाते थे,
उसी पेड़ की छाँव में फिर सब, मिल बांट के खाते थे।

ऋतु वसंत का मौसम था वो, बौर नए वो आए थे,
धीरे धीरे बड़े हुए वो, पहले फल लग आए थे।

फर्राटे से मेरे ऊपर, बच्चे यूं चढ़ जाते थे,
तोड़ तोड़ के फल वो मेरे, बड़े चाव से खाते थे।

तब विचार आया इस मन में, अहंकार बस माया है,
अकड़ का कोई काम नहीं, जो झुका बड़ा कहलाया है।

हुई उमर बिस्तर पे आया, पहले जैसा चल ना पाया,
जिस किसान ने पाला मुझको, उसका समय आखिरी आया।

सूखी शाखाएं जो मेरी, शैय्या उसे बनाया था,
रख के मेरी टहनी उस पर, और फिर उसे जलाया था।

कांप गई थी रूह मेरी, पर इक आंसू न निकाला था,
उन बच्चों की सेवा करनी, जिनके बाप ने मुझको पाला था।

बदल गया कुछ दिन में था सब, खेत में आता ना कोई अब,
बैलों के वो झुंड थे खोए, इक मशीन से होता था सब।

आपस में झगड़े वो बच्चे, झूला जिन्हें झुलाया था,
घर भी गिरा दिया था उनने, मेहनत से जिसे बनाया था।

अपना हिस्सा लेकर फिर वो, बड़े ही खुश हो आए थे,
पेड़ काटकर आंगन का फिर, ऊंचे घर बनवाए थे।

सोचा मुझको कुछ ना होगा, फल, छाँव मैं देता हूँ,
मेहनत से जो काम करे, उनकी थकान हर लेता हूँ।

इतने बड़े खेत में मैंने, दो फुट बस थी जगह है घेरी,
थक के सो जाते थे बच्चे, इतनी घनी थी शाखा मेरी।

पर वो दिन फिर आया था, जिस दिन मुझको कटवाया था,
क्षणिक लोभ के मोह में उसने, खेत से हटवाया था।

क्यों मुझको तुमने मारा, मैं भी इस घर का बच्चा था,
बोल न पाता था कुछ भी पर, दिल से मैं तो सच्चा था।

काट दिया और बेच दिया फिर, मजबूरी क्या आई थी,
यादें दी, फल दिए थे फिर भी, क्यों आरी चलवाई थी।

कल फिर मैं कहीं और उगूंगा, पत्तों से शाखें मैं भरूंगा,
दो सिक्कों सा ईमान नहीं, जो करने आया था वही करूंगा।

मन की अभिलाषा

क्या इतना समय नहीं है कि, यादों में वापस जा पाऊं,
वो सुकून और उन लम्हों को, अपने पास बुला पाऊं।

उस खेत की मिट्टी से खेलूं, और बिना थके चलता जाऊं,
वो छोटी सी ठोकर खा के, दिल खोल के मैं रोता जाऊं।
वो चिड़ियों की मोहक आवाज, उस हरियाली में खो जाऊं,
ना चिंता की बात हो बस, लेटूं और फट से सो जाऊं।

क्या इतना समय नहीं है कि, यारों संग दो पल मिल पाऊं,
चिंता में मुरझाया सा, दो पल को भी ना खिल पाऊं।

पढ़ूं लड़ूं घुमू और मस्ती, यारों संग करता जाऊं,
दिल खोल हंसू खेलूं उन संग, सारी चिंता मैं तज आऊं।
जब यार मुसीबत में आए, उसकी ताकत मैं बन जाऊं,
जो उठे एक उंगली उस पर, सीना चौड़ा कर तन जाऊं।

क्या इतना समय नहीं है कि, माँ बाप की लाठी बन जाऊं,
उनके वीरान बुढ़ापे में, सुख दुःख का साथी बन जाऊं।

उन पैरों को आराम मैं दूं, उन पे मस्तक मैं नवा जाऊं,
दिल खोल के वो आशीष हो दे, सारी खुशियां मैं पा जाऊं।
उनके कदमों पे चल पाऊं, और नाम मैं ऊंचा कर जाऊं,
उठ जाए ना साया उनका, ये सोच सोच मैं घबराऊं।

क्या इतना समय नहीं है कि, मैं अपना प्यार जता पाऊं,
कितना मैं चाहूं उसको, ये ढंग से ना मैं बता पाऊं।

तू फूल बने सुंदर सा तो, उसकी सुगंध मैं बन जाऊं,
तेरे जीवन की पहेली का, इकलौता उत्तर बन जाऊं।
सुख दुःख में साथ रहूं तेरे, तेरी हंसी का कारण बन जाऊं,
तू पार्वती का रूप धरे, शिव बनके संग तेरे आऊं।

क्या इतना समय नहीं है कि, दिल को दिमाग से जिता पाऊं,
कुछ कर जाऊं अपनों के लिए, कुछ पल भी संग बिता जाऊं।

कैसी है माया रची हुई, जहाँ पैसा सब तय करता है,
खुद के भी लिए समय ना है, और राह पतन की चलता है।
आँख मूंद भागा जाए, हासिल उसको क्या करना है,
रिश्ते छूटे, अपने टूटे, बस लावारिस सा मरना है।

क्यों इतना समय नहीं है कि, ये मन के भाव जता पाऊं,
इस दिल की क्या है अभिलाषा, ये भी क्यों न मैं बता पाऊं।

मिथ्या जीवन

स्वयं को सभी से पृथक कर के बैठे, दिशाहीन बस यूं चले जा रहे हैं,
खुशी के वो पल क्यों ना जी पा रहे हैं, अंधेरे हमें अब क्यों रास आ रहे हैं।

नकारें जो बातें, बड़े अपने घर के, उन्हीं की तरफ क्यों बढ़े जा रहे हैं,
वो दूरी बना के ज़रा बात पे फिर, क्यों अपनों से हम यूं लड़े जा रहे हैं।
वो जिम्मा, वो रिश्ते, वो कसमें, वो नाते, सही से क्यों हम ना निभा पा रहे हैं,
वो प्रेम और दया, उस क्षमा भाव को हम, क्यों अच्छे से अब ना दिखा पा रहे हैं।

ना वेदों, पुराणों की बातों को हम अब, नई पीढ़ियों को बता पा रहे हैं,
अहिल्या की गाथा, ना झांसी की रानी, की तस्वीर मन में बिठा पा रहे हैं।
वो मीरा की भक्ति, सावित्री की शक्ति को, क्यों ना हम अब फिर सुना पा रहे हैं,
वो भीष्म के प्रण को, शिवाजी के रण को, किताबों से बाहर ना ला पा रहे हैं।

वो पूजा, वो भोजन, वो सेवा, वो चिंतन, तसल्ली से अब क्यों ना कर पा रहे हैं,
अहंकार, ईर्ष्या, घृणा, क्रोध मन में, करम और धरम को तजे जा रहे हैं।
मैं हिंदी, मैं कन्नड़, मराठी, तमिल हूँ, इसी द्वेष में हम बटे जा रहे हैं,

स्वयं की जड़ों को करे खोखला फिर, ये पूछे क्यों हम यूं कटे जा रहे हैं।

शगुन हो, जन्मदिन, या त्यौहार, प्रतिदिन, नशे की क्यों बोतल पिए जा रहे हैं,
भले ही परेशान हो ज़िंदगी से, क्यों कमज़ोर पर यूं बने जा रहे हैं।
स्वयं को दिलासा वो दे कर के बस अब, पतन की दिशा में चले जा रहे हैं,
अंधेरे में खुद को फंसा कर के अब हम, उजाले में वापस ना आ पा रहे हैं।

कसौटी पे परखा स्वयं को जो हमने, खरे अब उतर हम नहीं पा रहे हैं।
खुशी के वो पल क्यों ना जी पा रहे हैं, अंधेरे हमें अब क्यों रास आ रहे हैं।

जीवन का मूल्य

रख अपने इस मन को निर्मल, झुक आगे बढ़ना सीखो,
उत्पीड़न, अन्याय, कपट से, खुल के भी लड़ना सीखो।

चेहरे के मुखौटों से अच्छा, तुम स्वभाव पढ़ना सीखो,
सीखो चरित्र की परिभाषा, और शब्द चयन करना सीखो।

खाली दिमाग उन बच्चों के, उनमें करुणा भरना सीखो,
भूले भटकों को राह दिखा, तुम दान धरम करना सीखो।

पुरुषार्थ के पथ पर तुम चल के, ये नाम कमाना तुम सीखो,
सीखो महत्व निष्ठा का इसे, अनमोल बनाना तुम सीखो।

बन मिसाल इस पीढ़ी की, सूरज सा चमकना तुम सीखो,
अनुशासन की कठिन राह पर, अभिमान से बढ़ना तुम सीखो।

ग़र आँच धर्म पे आए तो, वो शस्त्र उठाना तुम सीखो,
सीखो राष्ट्रहित में लड़ना और, कभी ना झुकना तुम सीखो।

प्रतिदिन उतरे उन वस्त्रों सा, तुम रंग बदलना मत सीखो,
तुम मानव हो, उस दानव की, इस राह पे चलना मत सीखो।

मानवता को ताक पे रख, दौलत बटोरना मत सीखो,
सीखो रखना तुम दया भाव, निर्बल को कुचलना मत सीखो।

गिट्टी के महल में तुम रह के, मिट्टी को छोड़ना मत सीखो,
उस विकास के नाम पे तुम, पेड़ों को तोड़ना मत सीखो।

सच्चाई के मार्ग पे चल तुम, छल, क्रूरता मत सीखो,
सीखो मूल्य जान का तुम, इसे व्यर्थ गंवाना मत सीखो।

मुझे फिर मुस्कुराना है

मुझे फिर मुस्कुराना है, हाँ खुद को आजमाना है,

ये ठोकर और ये चोटें, इन्हीं से पार पाना है,
इन्हीं को रौंद देना है, इन्हीं को भूल जाना है।

खुद को यूं बनाना है, गगन के पार जाना है,
कुछ करके दिखाना है, वहीं परचम फहराना है,

कई ग़म आयेंगे जीवन में, ये मालूम है मुझ को,
मुझे ग़म को हराना है, खुशी को जीत लाना है।

नहीं कमज़ोर हूं मैं ये मुझे खुद को बताना है,
मुझे खुद को तपाना है, खरा सोना बनाना है।

भले हो लाख काटें बीच में, चलते ही जाना है,
नहीं है देखना मुड़ के, न ही अब सिर झुकाना है।

नहीं है नींद से अब वास्ता, न ही सपनों में जाना है,
खुली आँखों से जीना अब, नया आशियां बनाना है।

सफलता दूर हो कितनी, उसे पर पास लाना है,
भले ही रूठ वो जाए, मुझे फिर से मनाना है।

खुशी से और दृढ़ता से, मुझे जीवन चलाना है,

वचन जो है लिया खुद से, मुझे उसको निभाना है।

मुझे फिर मुस्कुराना है, हाँ खुद को आजमाना है।

समय बड़ा बलवान

रे भइया समय बड़ा बलवान, समझ ना पाए ये इंसान,
व्यर्थ की मिथ्या में फंस के, क्यों वो हो जाता है परेशान।

बड़े घर के देखे सपने, कमाए जबरन का सम्मान,
अवगुणों के पथ पर चलके, दिखाता व्यर्थ का वो अभिमान।
लोभ के व्यूह में फंस कर, बेचता खुद का वो ईमान,
घड़ा वो पाप का भर के फिर, प्रभु का करता है गुणगान।

रे भइया समय बड़ा बलवान, समझ ना पाए ये इंसान,
जो कीमत जाने ना उसकी, उन्हीं में झोंके अपनी जान।

नहीं देता उसे जो भाव, उसी से माने अपनी शान,
जिसे समझे सब अपना वो, करे हर पल उसका अपमान।
गिरा कर अंत में अपना, बटोरे वो आत्मसम्मान,
समय जब रह ना पाए तब, उसे अपने आते हैं ध्यान।

रे भइया समय बड़ा बलवान, समझ ना पाए ये इंसान,
प्रकृति का करके वो विध्वंस, बांटता जाए सबको ज्ञान।

जिस मिट्टी को बना के सोना, छोड़ गया वो किसान,
बेच बुजुर्गों की जमीन अब, बनता है अंजान।
मायने जान बुजुर्गों ने, लगाए पेड़ और बागान,
है रोता बंद डिब्बों में, कहां हैं खेत और खलिहान।

रे भइया समय बड़ा बलवान, समझ ना पाए ये इंसान,
करम नहीं दो कौड़ी के, खुद को समझे वो महान।

कर स्वतंत्र ये देश है सौंपा, समझो उनका बलिदान,
बनना है तो बन के देखो, कर्मों से धनवान।
मानव का ये जन्म मिला, समझो इसको वरदान,
समय रहते उठ जा इंसान, है सच में समय बड़ा बलवान।

आँखों का पर्दा

बुरी है ना दुनिया, ना रिश्ते बुरे हैं,
नजरिया ये अपना बदल कर तो देखो।
हटा कर के आँखों से माया का पर्दा,
दो कदम फिर तुम आगे बढ़ कर तो देखो।

बढ़ोगे जो आगे तो, अपने मिलेंगे,
जो पूरे न हो पाए, सपने मिलेंगे।
मिलेंगी वो यादें, वो रिश्तों के धागे,
खुशी के वो मोती जपने मिलेंगे।

बुरी है ना दुनिया, ना सोच बुरी है,
उस स्त्री के प्रति सम्मान ला कर तो देखो।
हटा कर हवस का इन आँखों से पर्दा,
वो प्रेम और करुणा, जता कर तो देखो।

जो लाड़ जताए, तुम्हें माँ दिखेगी,
वो देवी के रूप में, बच्ची पूजेगी।
न्योछावर करे खुद को तुम पर, वो पत्नी,
वो बेटी, बहन, दिल की सच्ची मिलेगी।

बुरी है ना दुनिया, ना जीवन बुरा है,
उसे तुम नियम से, जीना तो सीखो।
हटा कर इन आँखों से आलस का पर्दा,
घृणा और ईर्ष्या को पीना तो सीखो।

जो मेहनत करोगे तो सम्मान होगा,
वो छल और कपट का तुम्हें ज्ञान होगा।
वो होंगे चहुं दिशा, चर्चे तुम्हारे,
घृणा, द्वेष पल भर का मेहमान होगा।

ये अच्छी है दुनिया, यहाँ सब हैं अच्छे,
तुम अपनी ये सोच, बदल कर तो देखो।
भटक जो गए लोभ मिथ्या में फंस कर,
तुम उनका वो रास्ता बदल कर तो देखो।

तुम्हें देख वो भी बदलने लगेंगे,
सही पथ पे तन के वो चलने लगेंगे।
वो बदलाव का बीज बो कर कर तो देखो,
दशा भाव सबके निखरने लगेंगे।

मानव ही है दानव

इस मिथ्या में जीते सब जन, दानव अलग प्रजाति है,
बड़े दांत, मायावी शक्ति, दिखता पशु की भांति है।

पर क्या ये सच है इसको, कभी किसी ने जाना है,
उस मानव का रूप लिए, क्या कभी उसे पहचाना है।

चलचित्रों में देखा मैने, वो महज एक माया है,
वो जो दिखता, नहीं है दानव, उसके चरित्र की काया है।

हम सब में ही बसता है वो, छुपा हुआ एक कोने में,
पर समय जरा भी नहीं है लगता, उसके जीवंत होने में।

घृणा, ईर्ष्या से है पनपता, लोभ, क्रोध बल देता है,
अहंकार के दंभ में आ फिर, पूर्ण रूप धर लेता है।

मैं हूँ, मैं हूँ, बस मैं ही हूँ, इसी वो भ्रम में चलता है,
मान का मर्दन कर दुखियों का, खुद को बलवान समझता है।

शोषण, दमन, लोभ और हिंसा, के पथ पर चल पड़ता है,
मद का मुकुट पहन कर फिर वो, सिंहासन पर चढ़ता है।

मानव हो कर कब दानव का, ग्रहण स्वभाव वो करता है,
सत्कर्मों को तज कर अपने, राह तमस की चलता है।

बुरे कर्म में लिप्त वो होके, अंधा, बहरा बन जाता है,
महिषासुर, रावण की भांति तब, बुरी मृत्यु वो पाता है।

बन जाए वो असुर कथा का, बचपन में जो सुनता था,
दानव, देव के मध्य में तब वो, अच्छाई ही चुनता था।

सुनहरे पल

वो भी क्या दिन थे बचपन के, ये क्या दिन हैं जवानी के,
था तब ईमान सब जन में, आए दिन बेईमानी के।

खुला आंगन, पेड़ बरगद, और कच्चे वो रास्ते थे,
न थी कोई हमें चिंता, दिल हम खोल के हँसते थे।
ज़रा सा दिल लिए अब हम, बंद इक घर में बसते हैं।
दिखावा है बहुत आता, प्रेम निश्चल को तरसते हैं।

वो भी क्या दौर था जब, हर कदम पे सुकून की छाया थी,
और अब वो दौर है आया, वहाँ इंसान की माया है।

वो भी क्या दिन थे जब, शादी में सब पहले आ जाते थे,
नाच और गाने का वो दौर, सब त्यौहार मनाते थे।
और इक ये दौर है अब का, जहां कुछ अपने ही आते हैं,
वो भी बिटिया से पहले ही, घर को सूना कर जाते हैं।

वो भी क्या वक्त था, जब सब अजनबियों से डरते थे,
ना पता घर के दुःख और दर्द, अब अजनबियों पे मरते हैं।

चंद कागज़ के टुकड़ों में, सब जज़्बात उतरते थे,
खुशी और प्रेम लिए दिल में, शब्द हर एक पढ़ते थे।
रिश्ता मजबूत था बनाना, तो अब घंटों करे बातें,
सुकून तो दूर की है बात, शक़, ईर्ष्या में कटे रातें।

वो मिट्टी और वो नदियां, बहुत ही याद आती हैं,
गिट्टियों और नालों में अब, वो बदल दी जाती हैं।

थे वो कुछ खेत और खलिहान, और खुला सा था वो मैदान,
चंद महीनों की थी मेहनत, प्रभु का होता फिर गुणगान।
चंद सिक्कों के फिर खातिर, बदल सा गया है ये इंसान,
ना रहा खेत और मैदान, हर जगह अब दिखते हैं मकान।

ना जाने क्यों मुझे वो दिन, बहुत ही याद आते हैं,
लोभ और क्रोध देख लोगों का अब, सहम से जाते हैं।

अश्रु की गरिमा

वो अश्रु नहीं स्वीकार्य मुझे, जो व्यर्थ टपकते जाते हैं,
कठिन राह को बिन मतलब, वो और कठिन बनाते हैं।

वो अश्रु नहीं बस पानी है, जो भावहीन गिर जाते हैं,
अनायास ही निकले वो, मन को कमजोर बनाते हैं।

ना मूल्य है उन अश्रुओं का, जो सच्चाई छिपाते हैं,
बना के फिर वो छल की दुनिया, उसी में जीते जाते हैं।

ये वो घड़ियाली आंसू जो, खुद का विवेक मिटाते हैं,
वो अश्रु नहीं स्वीकार्य मुझे, जो व्यर्थ टपकते जाते हैं।

अश्रु नहीं ये भाव तुम्हारे, उनको संचित तुम कर लेना,
जो तुझको सच की राह दिखाए, उनको न्योछावर कर देना।

उस गुरु को, मात-पिता को और, ऋषि मुनियों के उन चरणों को,
उनके चरणों की तपिश को तुम, इन अश्रुओं से कम कर देना।

ये अश्रु नहीं आभार तुम्हारा, उन रणवीरों पर अर्पित कर देना,
स्वयं के घर को तज जो, रक्षा करे मातृभूमि की सेना।

विजय पथ

रख विश्वास तू खुद पर, तेरा करम व्यर्थ ना जाएगा,
डूब गया जो सूरज कल फिर, लौट के वापिस आएगा।

अपना पथ चुन, आगे बढ़ फिर, लक्ष्य को तू पा जाएगा,
गिरना, उठना, ठोकर खाना, तभी सुदृढ़ बन पाएगा।

ज़रा भी ग़र तू भटका, फिर वो लक्ष्य दूर हो जाएगा,
और कहने वाले बहुत मिलेंगे बेटा, तुमसे ना हो पाएगा।

हार मानना, थकना या मन अंधकार में जाएगा,
इस दुनिया में जन्म तेरा, बिल्कुल निष्फल हो जाएगा।

कुछ तो लोग कहेंगे, उनका कहना रोक ना पाएगा,
उन शब्दों का फिर जवाब तू, अपने कर्मों से ही दे पाएगा।

फिर से उठ, कर चिंतन, साफ हृदय से पैर बढ़ाएगा,
यही सूत्र फिर एक दिन तुझको, बहुत सफल बनाएगा।

लोक लाज तज, शीश उठा जब, जीत का ध्वज फहराएगा,
इतिहास के स्वर्णिम अक्षर में फिर, नाम तेरा छप जाएगा।

करें लोग अनुशरण तुम्हारा, जब इस योग्य बन जाएगा,
जिन ठोकर से बिखरा था तू, वो सीना ठोक उन्हें सुनाएगा।

प्रगति या पतन

ये प्रगति है या फिर पतन, मन को समझ ना आता है,
देख प्रकृति की ये दुर्दशा, हृदय भी अब भर जाता है।

जहाँ खड़े थे कल तक तरुवर, शीतल छाया देते थे,
वहाँ आज गिट्टी के जंगल, सांसें हमसे लेते हैं।

ऊँची-ऊँची मीनारें अब, अम्बर को छू जाती हैं,
पर माटी की सौंधी खुशबू, कहीं दूर खो जाती है।

कल कल बहती नदियां जो, इस धरा की प्यास बुझाती थी,
बांधों में बंध कर वो धारा, अब दूषित हो जाती है।

नीला अम्बर धुएँ से पटा, सूरज की किरणें खाता,
हवा नहीं ये जहर है भरा, इस विकास से दिल घबराता।

पशु पक्षी का स्वतंत्र विचरण, चिड़ियाघर तक रह जाता है,
प्रगति के बस नाम पर मानुष, सब कुछ रौंदता जाता है।

पुतले सा ये बन शरीर अब, काया अच्छी पा जाता है,
कठिन समय हो या हो तपिश, अब वो झेल ना पाता है।

सुख-सुविधा की दौड़ में हमने, क्या खोया, क्या पाया है?
तज उसूल अपने वो सारे, छोड़ी दूषित माया है।

शुभचिंतक या हो समाज, उन सबको दूर भगाया है,
आज के युग ने अतिथि छोड़, पैसा भगवान बनाया है।

जाग उठो अब भी मानुष, ये मौन पुकार ज़रा सुन लो,
उस विनाश का पथ त्याग अब, सृजन के सपने तुम बुन लो।

मैं कविता हूँ

जो अनकही रह गई लबों पर, उन शब्दों की सरिता हूँ,
भाव हो जिस दिल में उन, हाथों से लिखी कविता हूँ।

मैं कोरे कागज़ पर उतरी, किसी दर्द की मीठी आहट हूँ,
कभी सुकून की ठंडी छाँव, कभी ख़ुशियों की गर्माहट हूँ।

मुझमें रची है यादों की खुशबू, में उम्मीदों का सार हूँ,
मैं महज़ शब्दों का मेल नहीं, अंतर्मन का अवतार हूँ।

मैं कभी ओस की बूंदों सी, किसी शांत सुबह में खिलती हूँ,
मैं तपते मरुस्थल के मन में, सावन बन कर के मिलती हूँ।

जो बह न सके इन आँखों से, उन अश्कों की मैं धारा हूँ,
मैं डूब रहे किसी तिनके को, मिला हुआ किनारा हूँ।

कलम की नोक से बहता मैं, एक जज़्बात का दरिया हूँ,
मैं खुद से खुद को मिलवाने का, एक सरल सा जरिया हूँ।

मैं कागज़ की कश्ती होकर, तूफ़ानों से टकराती हूँ,
मैं हार चुके टूटे मन में, फिर से आस जगाती हूँ।

मैं दर्द को सुर में ढालूँ तो, मीठा सा एक तराना हूँ,
मैं पागल प्रेमी की ज़िद हूँ, शायर का एक फ़साना हूँ।,

अधूरा बचपन

बचपन ये कमज़ोर नहीं, हमने कमजोर बनाया है,
बेंच खुले मैदान उसे, बंद कमरों में छुपाया है।

जहाँ गूँजती थी किलकारी, अब सन्नाटों का पहरा है,
ईंट पत्थरों के जंगल में, शिशु का विकास अब ठहरा है।

ना माँ की लोरी है बची, ना दादी की कहानी है,
अब 'आया' के हाथों में सिमटी, ये कोमल जिंदगानी है।

रिश्तों की वो महक खो गई, खो गया अपनों का साथ,
ना चाचा का कंधा मिला, ना मिली ताऊ की डांट।

अति लगाव माँ-बाप का अब, उसके विवेक को खा गया,
मानवता का अंकुर शायद, उस क्षणिक मोह में मुरझा गया।

रुपयों से सब सुख तौल दिए, अब संस्कार हम भूल गए,
उन पक्के महलों के खातिर, बरगद के झूले भूल गए।

दिमाग तो बिजली सा दौड़े, पर देह बने रोगों का घर,
मशीन बना दी हमने, व्यक्तित्व न जाने अब है किधर।

दोष न देना इन शिशुओं को, हम कुम्हार ही खोटे हैं,
कच्ची मिट्टी के गढ़े खिलौने, जिनके दिल बहुत ही छोटे हैं।

क्षणभंगुर सी इस दुनिया में, इन्हें पत्थर सा मज़बूत करो,
धर्म, दया और अनुशासन से, इनके चरित्र को विभूत करो।

मोल बताओ मिट्टी का, श्रम की परिभाषा समझाओ,
चीज़ों का इन्हें मूल्य सिखाकर, पुरुषार्थ के पथ पर चलवाओ।

मिटे स्वार्थ, जागे विवेक, फिर से वो दिन लाना होगा,
एक उत्पाद नहीं उसका, सुदृढ़ व्यक्तित्व बनाना होगा।

मोह

मोह न देखे न्याय-धर्म, न देखे कुल की मर्यादा,
मन को वश में कर लेता, कर देता ये विवेक आधा।

इतिहास के पन्नों में लिखे, इसके गहरे घाव थे,
मोह भंग हुआ उन सबका, जिसके भी ऐसे भाव थे।

नेत्रहीन तो था ही वो, उसका मन भी अंधा हुआ,
कर दुष्कर्मों को अनदेखा, वो पुत्र-मोह में बंधा हुआ।

कुरुक्षेत्र की रणभूमि, जब बन गई लाशों की क्यारी,
तब समझा ये पुत्र-मोह, पड़ा समूचे कुल पर भारी।

दसों दिशाएँ कंपन करती, ऐसा रावण था ज्ञानी,
पर माँ सीता के मोह में डूबा, पा गया पतन को अभिमानी।

मर्यादा की लक्ष्मण-रेखा, जब मोह, वासना ने लाँघी,
खाक हुई लंका जैसे, बलि उसकी नियति ने माँगी।

रात्रि समय उस नदी को जिसने, चढ़ मुर्दे पर पार किया,
अर्धांगिनी के मोह ने उनकी, बुद्धि पे बड़ा प्रहार किया।

पर जब चोट लगी अंतर्मन को, तो 'राम-नाम' को जान लिया,
तब प्रभु के प्रेम में हो प्रेरित, रामचरितमानस का ध्यान किया।

मोह अगर संसार से हो, तो बंधन और विनाश है,
वही मोह भगवान से हो, तो मुक्ति का प्रकाश है।

उलझन

उलझता जा रहा हूँ मैं, ज़िंदगी की कशमकश में,
कहाँ मैं जा रहा हूँ अब, न है वो भी मेरे वश में।

बड़ा आसान था खुद को, कि खुश रखना वो बचपन में,
समझ अब आ रहा ना कुछ, हो क्या मेरे रहा मन में।

वो सपने कामयाबी के, जो बुनता था बड़े दिल से,
ना आए रास अब मुझको, कि बस जीता बमुश्किल से।

वो भी क्या दिन थे जब, हर एक अपने का था प्यारा में,
ना जाने कब बुरा बन अब, उन्हीं का दिल हूँ हारा में।

ज़रूरत और ख्वाहिश की, जंग में हार बैठा हूँ,
सुकून की चाह में अपना, सुकून ही मार बैठा हूँ।

वक़्त की रेत हाथों से, फिसलती जा रही है अब,
किसे अपनी कहूँ बातें, समझ आता नहीं है अब।

थका सा मन है आँखों में, उदासी का समंदर है,
खड़ा हूँ मौन बाहर से, बहुत पर शोर अंदर है।

सब होता जा रहा धुंधला, निभा ना पा रहा कसमें,
कहाँ मैं जा रहा हूँ अब, न है वो भी मेरे वश में।

प्रेम त्याग की परिभाषा

प्रेम नहीं केवल आकर्षण, न ही मोह का बंधन है,
प्रेम तो अंतर्मन की पूजा, श्रद्धा भाव समर्पण है।

प्रेम नहीं जो साथ चले बस, सुख की उजली रातों में,
प्रेम वही जो खड़ा रहे, दुःख की उन बरसातों में।

प्रेम न मांगे कोई प्रमाण, न कोई शर्त लगाता है,
हो जाए जहाँ अंत स्वार्थ का, प्रेम वहीं से आता है।

गंगा जैसी शुचिता इसमें, सागर जैसी गहराई है,
प्रेम प्रभु की पूजा जैसी, सुंदर एक सच्चाई है।

प्रेम की कई परिभाषा हैं, इसके कई प्रकार हैं,
अनंत है इस प्रेम की महिमा, इसके अनगिनत सार हैं।

शबरी का वो प्रेम निराला, जो केवल रास्ता तकता था,
जूठे बेरों का स्वाद भी जिसमें, भक्ति बनकर महकता था।

राधा का वो विरह प्रेम, सबसे पावन कहलाता है,
इसीलिए श्री कृष्ण से पहले, राधा नाम आता है।

मीरा की वो जोगन भक्ति, जिसने सारा जग छोड़ा था,
साँवरिया की प्रीति में जिसने, लोक-लाज को तोड़ा था।

और प्रेम नहीं व्यक्ति मात्र का, झाँसी की रानी ने दिखलाया था,
मातृभूमि की रक्षा के खातिर, अपना लहू बहाया था।

वो देशप्रेम का जज्बा था, जो मरकर भी ना हारा था,
"स्वतंत्रता" ही प्राण थे जिसके, "देश" ही सबसे प्यारा था।

प्रेम समर्पण, प्रेम तपस्या, प्रेम ही अमर निशानी है,
शब्दों में जो बंध न पाए, वो अनकही कहानी है।

प्रेम में बहुत कविता लिखीं, लिख डाले कइयों ग्रन्थ हैं,
प्रेम समझ ना पाए कोई, इसका ना कोई अंत है।

बुरा वक्त - एक वरदान

बुरा वक्त भी जीवन में, एक बड़ी सौगात है,
घनघोर ये काली रात ही तो, लाती नई प्रभात है।

कहने को ये बुरा है पर, बड़े काम कर जाता है,
इंसान को ये मिट्टी से फिर, खरा सोना कर जाता है।

जब जेब खाली होती है, और रास्ते बंद हो जाते हैं,
तभी स्वयं सामर्थ्य के, नए द्वार खुल जाते हैं।

हम क्या हैं और क्या कर सकते, ये वक्त ही बताता है,
सोए हुए उस हौसले को, फिर से यही जगाता है।

भीड़ में तो दुनिया की, हर कोई साथ चलता है,
पर कौन अपना है सच में, ये वक्त ही परखता है।

नकाब उतर जाते हैं सबके, जब संकट पास आता है,
सच्चे और झूठे रिश्तों का, ये फर्क समझाता है।

अहंकार को चूर है करता, ये इंसान बनाता है,
धैर्य और मेहनत का फिर ये, नया पाठ पढ़ाता है।

इस वक्त की भट्टी में हो तपा, वो निखर के बाहर आता है,
स्वाद सफलता का असली, बस वही सही चख पाता है।

मत डर घनघोर अंधेरे से, ये तो बस इक तैयारी है,
आने वाली बड़ी जीत की, ये बस पहली पारी है।

बुरा वक्त ही वो शिक्षक है, जो जीना हमें सिखाता है,
हार गए उस मन में भी, ये जीत की आस जगाता है।